공부하는 즐거운

공부하는 즐거움

THE JOY OF STUDY

이종호 글 | 김미동 그림

IVY HOUSE

영원한 나의 사랑
서영이에게

끊임없는 배움

인간은 태어나는 순간부터 끊임없이 배우며 살아갑니다. 처음에는 미소 짓기, 기어오르기, 주고받기, 밀고 당기기, 걷기, 말하기, 읽기, 쓰기, 단추 채우기, 두발자전거 타기 등으로 시작하지만 학교에 진학하면서부터 수학, 과학, 사회, 영어, 음악, 미술, 체육 등 다양한 분야를 체계적으로 깊이 있게 배워 나갑니다.

중학교, 고등학교, 그리고 대학교를 졸업하고 사회로 진출하더라고 배우는 것은 계속됩니다. 하고 있는 일을 더 잘하기 위해서, 그리고 자기 자신을 발전시켜 나가기 위해서 말입니다.

올바르게 공부하는 방법

공부로 인해 웃고 우는 사람을 많이 만나게 됩니다. 배우고자 하는 마음은 인간이 가지고 태어나는 것 중 하나이지만, 그 마음만 가지고는 공부를 잘할 수 없습니다.

효과적이지 못한 공부 방법은 잘못된 생각, 태도, 목적, 그리고 전략으로 이어져 즐거워야 할 학교생활을 힘들게 만듭니다. 그렇기 때문에 어렸을 때부터 올바르게 공부하는 방법을 알고 익히는 것이 중요합니다.

공부를 즐기는 학생

공부를 잘하는 학생은 더 많은 지식을 보다 짧은 시간에 습득하고, 더 높은 점수를 받으며, 학습 과정 전반을 즐깁니다. 많은 노력을 하지만 공부하는 방법을 몰라 비효율적으로 공부하는 학생은 이렇게 공부를 즐기는 학생을 당해낼 수 없습니다.

이 책은 뛰어난 학생이 되기 위해 필요한 기본적인 기술과 효과적인 방법을 제시하고, 공부를 본격적으로 하기 전 필요한 기초 작업에 대해 다루게 됩니다.

잘할 수 있습니다

  잘못된 공부 습관을 좋은 습관으로 바꾸고, 자신에게 가장 적합한 공부 전략을 세우기 위하여 용기를 가지고 첫 발을 내딛는 여러분에게 이 책이 조금이나마 도움이 되었으면 합니다. 공부하는 시간은 반으로 줄이면서, 공부의 양과 그로 인한 성과는 두 배가 넘는 놀라운 경험을 체험하길 진심으로 바랍니다.

  잘할 수 있습니다. 자기 자신을 굳게 믿고 절실히 원하는 것을 향해 전력 질주하는 여러분을 응원합니다.

· CONTENTS ·

"Try to learn something about everything and everything about something."

_ Thomas Huxley

공부에는 반드시 휴식이 필요하다

　다이어트를 하고 싶은 마음이 아무리 간절해도 쉬지 않고 계속해서 운동할 수는 없습니다. 왜냐하면 우리에게는 주어진 에너지가 한정되어 있기 때문입니다.

　공부도 마찬가지입니다. 공부는 뇌를 사용하며 많은 에너지를 소비하는 운동입니다. 공부에 대한 의지가 아무리 강하더라도 쉬지 않고 계속해서 공부하는 것은 불가능합니다. 계속해서 공부만 하게 되면 공부가 즐거움이 아니라 괴로움이 됩니다.

　공부가 즐거워지기 위해서는 뇌가 피곤해지지 않도록 공부하는 중간에 휴식을 취해야 합니다. 몸과 마음이 피곤해지면 모든 것이 귀찮아집니다. 그래서 휴식을 취하고 재충전을 하는 것은 무엇보다 중요한 공부의 또 다른 방법입니다.

You have to learn the rules of the game. And then you have to play better than anyone else. **- Albert Einstein**

잠자는 시간을
공부하는 시간으로 써도 되는 걸까?

잠을 제대로 잔다는 것은 깨어나 일하는 것만큼 중요합니다. 효율적으로 공부를 하기 위해서는 충분한 수면이 반드시 필요합니다. 정신이 초롱초롱해야 온전히 공부에 집중할 수 있기 때문입니다. 이럴 때 최소의 시간으로 최대의 효과를 거둘 수 있습니다.

반대로 수면 시간이 줄어들면 줄어들수록 정신이 혼미한 상태가 됩니다. 이런 상태에서는 온전히 집중하는 것이 어려워지게 되고, 주어진 일을 수행하거나 처리할 때 그 결과는 시간이 배로 늘어나게 됩니다.

수업 시간에 졸음이 몰려온다면 더 많은 잠이 필요하다는 신호입니다. 그 신호를 무시하면 깨어 있는 많은 시간을 대가로 치러야 합니다. 쏟아지는 잠을 이겨낼 장사는 없습니다. 잠자는 시간을 공부하는 시간으로 쓰지 마세요. 몸이 피곤하면 공부도 피곤해집니다.

Learn from yesterday, live for today, hope for tomorrow. The important thing is not to stop questioning. **- Albert Einstein**

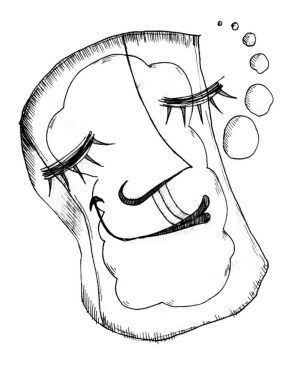

공부의 의미와 가치를 생각해 보자

나에게 공부가 어떤 의미와 가치가 있는지 한 번쯤은 깊게 생각해봐야 합니다. 스스로 공부의 의미와 가치를 찾을 때 효과적으로 공부할 수 있는 방법도 찾게 됩니다. 오랫동안 책상에 앉아 있거나, 무조건 암기를 잘한다고 해서 공부를 잘한다고 장담할 수는 없습니다.

공부하는 것과 한 번 주어진 소중한 삶, 그리고 그 삶을 살고 있는 내가 서로 어떻게 연결되어 있는지 깊게 생각할 때, 그때서야 스스로 공부하는 힘이 생깁니다.

Tell me and I forget. Teach me and I remember. Involve me and I learn.

- Benjamin Franklin

변화를 위해서는

아는 것만큼이나 실천이 중요합니다.

우리의 머릿속에 있는 99퍼센트 지식이

밖으로 표출되어 1퍼센트의 행동으로 옮겨졌을 때

비로소 변화가 시작되는 것입니다.

"아는 것이 힘"이라고 하지만,

아는 것을 행동으로 실천했을 때만 힘이 됩니다.

문제를 정확하게 파악하자

문제가 무엇인지 모르면 답이 무엇인지 찾을 수 없습니다. 문제가 무엇인지 정확하게 알아야 그에 대한 해결책도 찾을 수 있지요. 문제를 제대로 파악하면 저절로 해결책은 보이게 됩니다. 문제가 무엇인지 모르는 상태에서 어떻게 해결책을 찾을 수 있을까요?

하늘을 날아다니는 나비를 보세요. 길도 그려져 있지 않은 하늘을 목적 없이 비뚤비뚤 날아다니는 것처럼 보이지만, 나비는 자신이 원하는 꽃을 찾아가고 있는 중입니다.

나비는 자신이 해결해야 할 문제가 비행기처럼 똑바로 나는 것이 아니라, 자신이 원하는 꽃을 찾아내는 것이라는 사실을 알고 있습니다. 그리고 그 꽃을 찾아 열심히 비뚤비뚤 자신의 길을 가는 것이지요. 해결해야 할 문제가 무엇인지 정확하게 아는 순간, 엉켰던 실타래가 풀리듯 문제는 자연스럽게 해결될 수 있습니다.

The only person who is educated is the one who has learned how to learn and change. **- Carl Rogers**

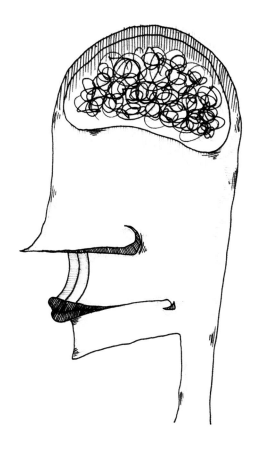

습득한 지식을
온전히 나의 것으로 만들기 위해서는

백 번을 강조해도 모자라지 않은 것이 예습과 복습입니다. 특히 복습은 예습의 힘을 뛰어넘습니다. 수업 내용을 가지고 친구들과 서로 이야기해 보고, 생각을 글로 작성해 보고, 과거의 경험과 관련시켜 보고, 실생활에 적용해 보아야 습득한 지식이 온전히 나의 것이 됩니다.

He who learns but does not think, is lost! He who thinks but does not learn is in great danger. - **Confucius**

과거, 현재, 미래는 단절적인 것이 아니라
서로 연속선에 있다.

지나온 시간을 과거라고 한다면,

지금 이 순간은 현재,

앞으로 다가올 시간은 미래입니다.

과거, 현재, 미래는 단절된 시간이 아니라

연속선에 있습니다.

오늘은 나에게 주어진 최고의 선물입니다.

오늘 최선을 다하지 않는다면

아름답지 못한 과거를 만들고,

미래 역시 자신이 바라는 것과는

거리가 멀어질 것입니다.

자기 효능감의 중요성

　자기 효능감이란 주어진 문제를 자신의 노력과 역량으로 성공적으로 해결할 수 있다는 믿음과 기대감입니다. 높은 자기 효능감은 학습에 대한 지속적인 몰입을 가능하게 하여 학업 성취도를 높이는 결과를 가져다줍니다. 그 결과로 얻어지는 것이 나를 믿는 힘입니다. 스스로에 대한 자신감을 되찾을 수 있는 것이지요.

　부단한 노력과 잘할 수 있다는 믿음이 중요한 이유입니다.

I here and I forget. I see and I remember. I do and I understand. **- Confucius**

공부한 내용을
다른 사람에게 가르쳐 보자

실제로 아는 것이 많은 사람, 제대로 알고 있는 사람들은 어렵게 말하지 않습니다. 오히려 어려운 내용도 쉽게 설명하지요. 내가 제대로 배웠는지 확인해 보려면 배운 내용을 다른 사람에게 가르쳐 보면 됩니다. 쉽게 가르치려면 어려운 내용을 온전히 이해해야 합니다.

친한 친구, 부모님, 조부모님에게 수업 시간에 배운 새롭고, 중요한 내용을 가르쳐 보세요. 그리고 그분들이 설명한 내용을 잘 이해하는지 확인해 보세요.

Live as if you were to die tomorrow. Learn as if you were to live forever.

- Mahatma Gandhi

주어진 무대에서 배경과 대사는
오로지 자신이 만들어가는 것

누구나 살아가면서 맡은 역할이 있습니다.

나의 역할이 마음에 들지 않는다고 불평해도

아무 소용이 없습니다.

역할에 충실히 살아가는 것이 최선의 방법입니다.

역할은 주어졌지만 배경과 대사는

그 누구도 아닌

오로지 자신이 만들어가는 것입니다.

이 책, 저 책 펼쳐 두지 말고
한 책을 읽은 후 다음 책을 읽자

99퍼센트 비슷하다는 것은 가짜입니다. 100퍼센트가 되어야 진짜이지요. 공부도 마찬가지입니다. 이 과목, 저 과목을 넘나들며 공부하는 것은 바람직하지 않습니다. 반드시 한 과목을 마무리한 후 다음 과목으로 넘어가도록 해야 합니다. 그래야 가짜 공부가 되지 않습니다.

책도 마찬가지입니다. 이 책, 저 책 펼쳐 두지 말고 한 책을 읽은 후 다음 책을 읽어야 합니다. 다음에 읽어야 하는 책 때문에 지금 읽고 있는 책에 온전히 집중할 수 없다면, 여러 권의 책을 읽어도 제대로 내 것이 되지 않습니다.

One must learn by doing the thing; for though you think you know it, you have no certainty, until you try. **- Sophocles**

성공하지 못하는 사람의
공통적인 특징

성공하지 못하는 사람의 특징은

자신이 실패한 이유를 잘 알고 있으며,

실패에 대한 핑곗거리를 가지고 있습니다.

핑계는 나에게 게으름과 패배감만 안겨줄 뿐

절대로 행복을 가져다주지는 않습니다.

자신에게 반드시 보상을 해 주자

　자신이 목표로 한 공부를 달성했을 때에는 자기 자신에게 반드시 보상(휴식 시간, 간식 시간, 게임, TV 시청, 음악 듣기 등)을 해 줘야 합니다. '이기는 습관'은 승리가 가져다주는 달콤함을 반복해서 느꼈을 때 생기게 됩니다. 작은 달콤함을 알게 되면 더 큰 달콤함을 위해 머리와 몸이 기억하는 대로 노력하게 되지요. 공부에 대해 이기는 습관을 쌓아 즐거움을 느껴 보세요.

The great difficulty of education is to get experience out of ideas.

- George Santayana

오늘 해야 할 일을 내일로 미루지 말자

스트레스를 완전히 없애기는 어렵습니다. 그러나 스트레스를 줄일 수 있는 방법은 의외로 간단합니다. 바로 오늘 해야 할 일을 내일로 미루지 않는 것입니다. 그러기 위해서는 오늘 해야 할 일 중에 가장 어려운 것부터 맨 처음 해야 합니다. 쉬운 일을 먼저 하고 맨 나중에 어려운 일을 남겨두면 또 일을 미루게 됩니다.

오늘 해야 할 일이나, 오늘 하기로 작정한 일은 반드시 오늘 끝내야만 합니다. 공부도 마찬가지입니다. 나중으로 미루면 미룰수록 돌아오는 것은 부족한 시간, 불안감, 피곤함, 그리고 늘어나는 스트레스뿐입니다. 그 스트레스는 누구도 아닌 여러분 스스가 만든 스트레스입니다.

Study hard, for the well is deep, and our brains are shallow. - **Richard Baxter**

바로 지금 즐기는 법

내일보다 오늘이 중요합니다.
오늘을 잘 즐기는 사람이
큰일을 이룰 수 있습니다.

편안하고 즐거운 마음을 갖자

공부가 쉬운 사람은 없습니다. 그러나 성적이 오르고 칭찬을 받기 시작하면 자신감이 생겨 공부가 쉽게 느껴집니다. 그렇다면 성적을 올리기 위해서 필요한 것은 무엇일까요? 책상 앞에서 먼저 잡념을 없애고 마음을 집중시켜야 합니다. 의식적으로 호흡을 천천히 깊게 들이마시고, 마신 호흡을 천천히 내뱉으면, 긴장이 풀리고 흥분이 가라앉으면서 집중력이 높아집니다.

그렇게 하면 통제가 안 되는 자기감정이 통제할 수 있는 상태로 바뀝니다. 편안하고 즐거운 마음 상태를 유지하는 것이야말로 공부를 잘하기 위한 첫걸음입니다.

It does not matter where you go and what you study, what matters most is what you share with yourself and the world. - **Santosh Kalwar**

관심의 힘

무관심하면 세상일들이 낯설어 보이지만,
관심을 가지게 되면 좋아하게 되고,
좋아하게 되면 집중하게 되고
생활에도 변화가 생깁니다.

공부 시간과 쉬는 시간을 구분하자

노는 것도 아니고 그렇다고 공부하는 것도 아닌 어정쩡한 태도는 빨리 고쳐야 합니다. 아프리카의 사자들은 배가 부르면 먹잇감이 근처에 있어도 거들떠보지도 않고 즐겁게 놀다가, 사냥을 할 때는 모든 정신과 행동을 한곳에 집중시켜 사냥을 합니다.

마찬가지로 공부할 때에는 책상에 앉아 온 정신을 집중시켜서 공부하고, 쉴 때는 즐겁게 놀아야 합니다. 무조건 책상 앞에 오래 앉아 있는다고 해서 학습 능률이 올라가는 것이 아닙니다. 온전히 집중할 수 있는 시간은 한정되어 있습니다. 시간과 에너지의 낭비를 최소화하기 위해서라도 공부하는 시간과 쉬는 시간을 확실하게 구분해야 합니다.

Assiduity, it means sit down until you do it. Commit yourself to your work and study. **- Lucas Remmerswaal**

미루는 것에 대하여

오늘 할 일을 미루다 보면
내일 해야 할 일이 너무 많아
힘들어져 포기하게 됩니다.
오늘 할 일을 오늘 마쳐야
내일이 즐거워집니다.

조용하고 쾌적한 환경을 만들자

맹자의 어머니는 맹자가 좋은 교육 환경에서 공부할 수 있도록 세 차례나 이사를 하였습니다. 그만큼 공부를 잘하기 위해서는 주변 환경도 좋아야 하고, 공부방의 조건도 좋아야 합니다.

어지러운 환경 속에서 집중하는 것은 어렵지만, 조용하고 쾌적하고 잘 정돈된 방에서 공부를 하면 집중도 쉽고 학습 능률이 올라갑니다. 식물들도 햇빛이 잘 들고 통풍이 잘 되는 곳에서 잘 자라듯이 공부방도 집중이 잘 되도록 밝고 편안한 공간으로 꾸미는 세심한 배려가 필요합니다.

I have studied these things - you have not. **- Isaac Newton**

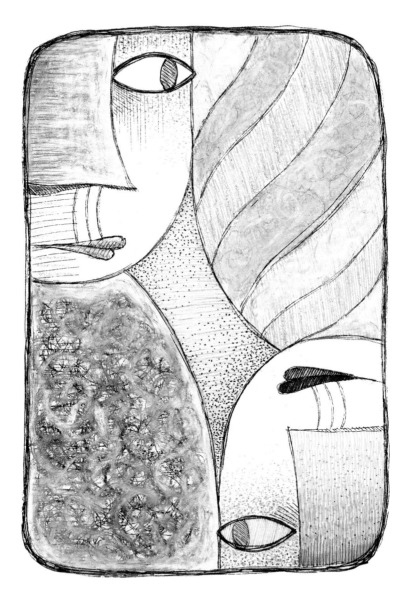

자신감이 생길 때

자신감이 없을 때 사람들은 힘이 없어 보이고 눈빛도 흐려집니다. 나를 소중한 존재로 여기고 나를 사랑하며, 무엇이든 할 수 있다는 굳은 신념이 있어야 자신감이 생깁니다.

내부에서 솟아나는 이러한 자신감은 경기장에 들어선 운동선수처럼 활력이 넘치고, 주어진 일에 집중하고 최선을 다할 수 있는 힘이 되어 줍니다.

우리에게 필요한 것은 IQ가 아니라, "할 수 있다"는 자신감입니다.

You can never be overdressed or overeducated. - **Oscar Wilde**

시간 관리를 못하는 사람의 특징

행동으로 옮기는 데 어려움이 많습니다.

늘 무언가의 방해를 받습니다.

상황에 단순하게 반응하거나 충동적으로 행동합니다.

무엇을 하려는지 알지 못하며, 목표 의식이 부족합니다.

큰 그림을 보지 못하고 사소한 일들에 얽매입니다.

미루는 것에 익숙하고, 시간이 부족하여 항상 바쁩니다.

늘 걱정 속에서 사는 길을 택합니다.

사소한 것에 신경을 쓰면서 집중하지 못합니다.

기억해야 하는 중요한 내용은 잠자기 바로 직전에 공부하자

우리의 뇌는 자는 동안에도 활동합니다. 암기해야 하는 것은 아침보다 저녁에 공부하는 것이 유리하고, 새로운 것을 공부한 직후에 잠을 자면 그 내용이 더 잘 기억된다는 연구 결과가 있습니다. 기억해야 할 중요한 것이 있다면 잠을 자기 바로 직전에 공부하는 것이 좋습니다.

It does not matter how slowly you go as long as you do not stop. - **Confucius**

목표를 어떻게 달성할지는
오로지 자신에게 달려 있다.

우리 인생은 그 목표를 달성하기 위해
꾸준히 달려가는 과정입니다.
목표 달성을 위해서는
먼저 자신이 원하는 목표를 세우고
생각이 아니라 행동으로 옮겨
그 목표를 향해 나아가야 합니다.

식사를 거르지 말자

사람들이 하루 세 끼를 먹는 이유는 인류의 유구한 역사 속에서 가장 합리적이고 보편타당하다고 검증이 되었기 때문입니다. 식사를 거르면 다음 식사에 더 많이 먹게 되고, 많이 먹으면 살이 찌고 나태해지게 됩니다. 한 번에 너무 많이 먹으면 졸음이 올 수 있어 학습에 큰 방해가 됩니다.

규칙적인 식사를 통하여 정상적인 뇌의 활동에 필요한 에너지를 제때에 충분히 공급하는 것은 매우 중요합니다. 힘찬 에너지와 충분한 수면 없이 공부를 잘할 수 없습니다.

Study without desire spoils the memory, and it retains nothing that it takes in.

- Leonardo da Vinci

자신과의 약속을 지켜야 자신감이 생긴다

내가 나 자신을 믿지 못하면 어떤 일이든 이룰 수 없습니다. 운동하기, 독서하기, 청소하기 등 크고 작은 자신과의 약속을 지켜나갈 때 스스로에게 믿음이 쌓이고 자신감이 생깁니다. 인간관계에서도 가장 중요한 것은 약속입니다. 가족과의 약속, 친구들과의 약속을 지켰을 때, 이에 대한 인정을 받으면 기분도 좋고 자신감도 생깁니다.

하루 동안, 한 주 동안, 한 학기 동안, 일 년 동안 반드시 끝내야 하는 자신과의 약속들은 우선순위를 정하여 묵묵히 실행으로 옮기면서 자신감을 쌓고, 이를 토대로 한 걸음 한 걸음 목표를 향해 나아가야 합니다.

Anyone who stops learning is old, whether at twenty or eighty. Anyone who keeps learning stays young. **- Henry Ford**

스스로 공부해야 하는 이유를 찾아서

공부가 하기 싫어지고 친구들과 게임을 하고 싶을 때,

나는 커서 어떤 사람이 되고 싶은가 아니면

어떻게 가치 있게 살아갈까를 깊이 생각해 봅니다.

그러면 목표가 생기고 목표가 생기면

동기 부여가 됩니다.

동기 부여가 되면 마음이 움직여지고 행동하게 됩니다.

공자님도 공부할 때가 가장 즐겁다고 했습니다.

자신의 목표를 이루기 위해서 공부를 하면

공부가 즐거울 것입니다.

정리한 노트는
반드시 24시간 이내에 복습하자

배운 것을 그날 다시 펼쳐 보는 것은 쉽지 않습니다. 대부분 덮어두었다가 시험 기간에 급히 펼쳐 보게 됩니다. 그때그때 공부하는 것도 습관을 들이기가 어렵습니다. 하지만 무슨 일이 있어도 그날 배운 것은 미루지 말고 수업이 끝난 바로 직후에 작성한 노트를 정리하도록 합니다. 기억이 가장 생생할 때가 바로 그때이기 때문입니다. 형광펜이나 색연필로 밑줄이나 하이라이트로 표시해 둔 중요한 포인트를 중심으로 공부하는 것이 효과적입니다.

수업 시간에 정리했던 노트는 반드시 24시간 이내에 복습하여 기억력을 높이도록 합니다. 또한 자신의 기존 생각과 새롭게 습득한 주요 내용들을 연결하는 작업을 바로 신속하게 수행할 때 그 기억은 더 오래갑니다.

All I have learned, I learned from books. - **Abraham Lincoln**

동기 부여보다 더 강력한 것은 바로 습관

동기 부여보다 더 강력한 것은 바로 습관입니다.

습관적으로 공부할 때는 동기 부여를 할 필요가 없습니다.

처음에는 쉽지 않지만

동기 부여가 되어 행동으로 옮기면서

공부를 습관적으로 하게 된다면,

매일매일 공부하는 것이 어렵지 않습니다.

오히려 공부를 안 하면 마음이 불편해질 것입니다.

매일 운동하는 사람이 하루 운동을 안 하면

몸이 더욱 찌뿌듯한 것처럼 말입니다.

친구와 공부에 대한 의견을 교환해 보자

팀을 짜서 공부하면 학습 능률이 오릅니다. 더구나 친구와 노트를 공유한다는 것은 친구에 대한 신뢰와 공유하는 마음이 생겨 더욱 좋습니다. 마치 연극 연습을 하듯 서로 얼굴을 보면서 의견을 주고받으면 재미도 있고 발표력과 어휘력도 높아집니다.

자신이 작성한 노트와 친구가 작성한 노트를 비교해 보고 서로 다른 차이를 찾아 종합적으로 노트 작성을 하는 것도 좋습니다. 개미들은 자기 몸보다 몇 배나 더 큰 먹이도 서로 힘을 합쳐 집으로 끌고 갑니다. 친구와 힘을 합치면 공부 효과가 더 커집니다.

A man who has never gone to school may steal a freight car; but if he has a university education, he may steal the whole railroad. **- Theodore Roosevelt**

꿈과 현실의 차이

꿈은 원하는 것을 이루고자 하는 간절한 마음입니다.

꼭 이루겠다는 의지와 실행이 없는 꿈은 꿈으로 남게 되지만

실행에 옮기면 꿈은 현실로 이루어질 수 있습니다.

두드려야 문이 열립니다.

모든 문제에 대한 최선의 그리고 최적의 해답은

이미 내가 가지고 있기 때문에

내면의 소리에 귀를 기울여 실행에 옮기도록 합니다.

실행 없는 꿈은 망상에 불과합니다.

시간 관리로
스트레스와 불안감을 줄여 나가자

인생은 시간으로 구성되어 있습니다. 따라서 시간 관리가 중요합니다. 시간 관리가 제대로 되면 시험에 대한 스트레스와 불안감에서 해방될 수 있습니다. 인간에게 시험만큼 스트레스와 불안을 안겨주는 것도 없을 것입니다. 그러나 시험은 인간에게 꼭 필요한 제도입니다. 그것은 배움에 대한 평가이기 때문입니다.

시간을 철저하게 관리한다면, 능률은 높아지며, 원하는 결과를 얻는 데에 도움이 될 것입니다. 효율적인 시간 관리를 위해서는 아침에 일찍 일어나야 합니다. 일찍 일어나는 새가 벌레를 먼저 잡는다는 격언처럼.

Liberty without learning is always in peril and learning without liberty is always in vain. **- John F. Kennedy**

뿌린 대로 거두어들인다

가을에 큰 수확을 위해 지금 바로 해야 할 일은

씨앗을 뿌리고, 물을 주며, 지극정성으로 돌보는 것입니다.

현재를 중요하게 여기지 않고,

해야 할 일에 집중하지 못하며,

미래에 대한 걱정으로 가득하면 곤란합니다.

팥을 심고 콩이 나오는 것을 기대하는 것은

어리석은 일이 아닐까요?

아무것도 심지 않고 무언가를 얻으려는 것도 마찬가지입니다.

지금 당장 해야 하는 일을 생각하고 실행에 옮겨야 합니다.

정성과 노력만이 내가 원하는 결과를 가져다줍니다.

모르는 것을 아는 것으로 만들자

보통 학생들은 한 번 푼 문제를 다시 보려고 하지 않습니다. 이것은 아주 잘못된 생각입니다. 알고 있는 것과 모르고 있는 것을 정확하게 파악한 후 몰랐거나 틀린 문제를 체크하여 스스로 완전하게 풀 수 있을 때까지 연습하여 '아는 문제'로 만드는 것이 중요합니다.

틀린 문제를 한 번 더 풀어보는 작은 실천이 큰 실천으로 이어진다는 것을 명심하며 모르는 것을 반드시 아는 것으로 바꾸고 넘어가는 습관을 길러야 합니다. 그러면 공부에 재미를 느낄 수 있습니다.

And now that you don't have to be perfect, you can be good. **- John Steinbeck**

선생님에게 집중하자

공부 잘하는 학생은 교실 앞쪽에 즐겨 앉습니다. 앞자리가 선생님과도 가깝고 그만큼 집중이 잘 되기 때문입니다. 학생들이 앞에서 초롱초롱한 눈망울로 수업에 집중하면 선생님도 하나라도 더 가르쳐 주고 싶은 마음이 생겨 더욱 열심히 가르칩니다.

선생님이 강조하거나 반복하는 중요한 내용에 밑줄이나 동그라미와 같은 특별한 표시를 하면 복습할 때 찾아보기가 쉽습니다. 그리고 마음을 한곳으로 모아 집중하는 데 방해가 되는 것들은 없애도록 합니다. 강렬한 눈빛이 종이를 꿰뚫는다는 말처럼!

Apply yourself. Get all the education you can, but then...do something. Don't just stand there, make it happen. **- Lee Iacocca**

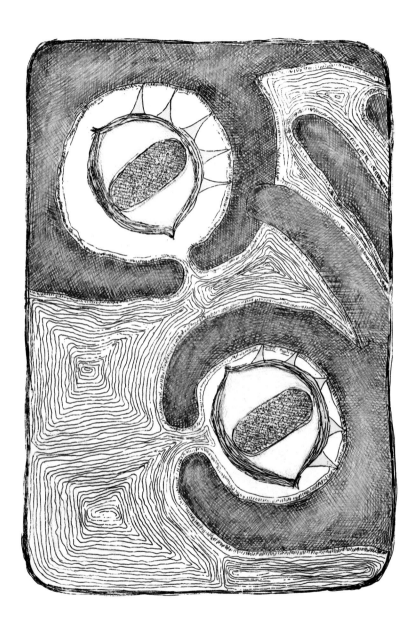

학문을 닦는 것보다
더 소중하고 중요한 일은 없다

공부를 잘하면

내가 하고 싶은 일을 할 수 있습니다.

직업 선택의 범위가 넓어집니다.

안정적인 직업을 얻을 수 있습니다.

교양이 있고 똑똑한 사람으로서

존경받을 수 있습니다.

세계를 발전시킬 수 있습니다.

선생님은 질문을 항상 환영한다

이해가 어렵거나 알쏭달쏭한 내용이 있다면 선생님에게 다시 한 번 설명을 해 달라고 요청하거나, 질문을 하여 문제를 해결해야 합니다. 선생님은 수업에서 다뤄진 내용들을 한 번에 다 이해하고 소화하는 것이 어렵다는 사실을 잘 알고 있기 때문에 질문을 존중하고, 환영할 것입니다.

선생님에게 꼭 필요한 질문을 하면 선생님은 그 학생을 기억하게 됩니다. 이때 서로에게 관심도 갖게 되고 유대관계가 생기면서, 소통이 이루어집니다. 선생님과 학생의 소통과 관계 형성은 공부에 긍정적인 영향을 줍니다.

Learning is by nature curiosity... prying into everything, reluctant to leave anything, material or immaterial, unexplained. **- Philo of Alexandria**

자신에 대한 믿음

자신에 대한 믿음이 없으면

바람에 흔들리는 갈대와 같이

주변의 반응에 이리 흔들리고 저리 흔들리게 됩니다.

비록 지금 자신에 대한 믿음이 크지 않더라도,

크고 작은 약속을 계속 지켜 나간다면,

나에 대한 믿음은 무럭무럭 자라게 될 것입니다.

그리고 자신에 대한 믿음이 주변으로 서서히 퍼져 나가

다른 사람이 나를 믿는 관계로 발전하게 되며

나의 믿음은 더욱 튼튼해집니다.

가장 강한 믿음은

스스로 '나도 할 수 있다'는 자신감을 갖는 데서 나옵니다.

시험을 보기 전에 충분히 공부하자

시험에서 좋은 점수를 받기 위해서는 시험 전에 충분한 시간에 걸쳐 공부하는 것이 필요합니다. 시험 전날 잠을 자지 않고 벼락치기 공부를 하는 것은 시험에 도움이 되지 않습니다. 잘 때 자고, 공부할 때는 정신을 집중해 공부해야 합니다.

잠을 자지 않고 몽롱한 상태로 벼락치기 공부를 하는 것은 효과가 없습니다. 왜냐하면 스트레스로 인하여 공부한 내용이 온전히 머릿속에 남지 않기 때문입니다. 게다가 부족한 잠 때문에 스트레스가 더욱 쌓이고 나머지 시험에 좋지 않은 영향을 미치게 됩니다.

벼가 가을이 되어 고개를 숙이듯이 모든 일에는 시간이 필요하고 적절한 때와 장소가 있습니다. 하루아침에 모든 것을 이룰 수는 없습니다.

> Not all readers become leaders, but all leaders must be readers. **- Harry S. Truman**

나를 만드는 재료

아는 만큼 보게 되고 아는 만큼 듣게 됩니다.
재미없고 쓸모없어 보이는 과목을 왜 배워야 하는지
가끔 의문이 들 때가 생깁니다.
그러나 삶에 별 도움이 안 될 것처럼 보이는 지식마저도
내가 의식을 하든 의식을 하지 못하든
나중에 중요한 결정을 내리거나 판단을 할 때
반드시 영향력을 미치게 됩니다.
다양한 지식과 경험을 통해야
세상과 바르게 소통할 수 있습니다.
지식을 습득함에 있어 더 중요하고 덜 중요한 지식은
존재하지 않습니다.
열린 마음을 가지고 내가 미처 몰랐던 새로운 나를
발견하기 위해 다양하게 공부한다면,
언제 어디서 나타날지 모르는 기회를 잡게 되고,
내가 걸어가야 할 길은 더욱 분명해지기 시작할 것입니다.

수업 시간에 온전히 집중하는 것이
가장 효과적이고 확실한 시험 준비다

공부 잘하는 학생들은 한결같이 수업 시간에 집중하는 것이 가장 중요하다고 말합니다. 가장 효과적이고 확실한 시험 준비는 수업 시간에 온전히 집중하는 것으로부터 시작됩니다. 선생님의 수업에 집중해야 내용에 대한 이해가 높아지고 모르는 것, 더 알고 싶은 내용에 대한 명확한 질문을 던질 수 있습니다.

시험에 나올 수 있는 중요한 콘셉트, 용어, 정의, 공식들은 선생님이 강조하고 반복하여 설명하기 때문에 높은 시험 점수를 원한다면 집중력을 유지하며 수업에 적극 참여해야 합니다.

공부를 할 수 있는 학생 시절은 한번 지나가면 다시 돌아오지 않습니다. 마찬가지로 수업 시간도 한번 지나가면 되돌릴 수 없습니다. 다시 올 수 없는 이 시간을 소중하게 생각하고 온전히 집중해야 합니다.

Learning without thought is labor lost; thought without learning is perilous.

- Confucius

시작과 끝이 다른 이유

공부를 할 때는 최선의 노력을 다해야 합니다.

어떠한 경우라도 초심을 잃지 않는다면

언젠가는 원하는 결과를 반드시 얻게 됩니다.

행동의 시작과 끝이 항상 같을 수 있도록

노력하고 또 노력해야 합니다.

노력을 게을리 하면 시작과 끝이 달라지기 때문입니다.

독일 속담처럼

"최후에 웃는 자가 가장 잘 웃는 자"입니다.

시험 당일에는 평소에 먹던 음식 외에는 먹지 않는다

배가 너무 고프거나 부르면 우리는 다른 생각을 하게 됩니다. 우리 몸은 매일 하는 일에 익숙하기 때문에 시험 보는 날에는 평소와 비슷한 음식을 적당하게 먹어야 합니다.

적당량의 음식을 섭취하면 에너지 공급을 원활하게 해줍니다. 그러나 시험 당일에는 평소에 섭취하던 음식 외의 다른 음식을 먹으면 속이 불편해져 시험을 보는데 방해가 될 수 있습니다. 그리고 너무 긴장을 하지 않아야 합니다. 너무 긴장하게 되면 몸의 균형이 깨져 그동안 갈고 닦은 실력 발휘를 제대로 할 수 없기 때문에 시험 전에 긴장을 풀 수 있는 나만의 방법을 찾는 것이 필요합니다.

I think you learn more if you're laughing at the same time. **- Mary Ann Shaffer**

지혜로운 사람은 실패를 통하여 배운다

누구나 실수를 저지르고 실패를 경험합니다.

중요한 것은 똑같은 실수를 반복하지 않고,

실패를 경험한 후 중요한 교훈을 얻어

성공의 디딤돌로 만드는 것입니다.

실패를 경험하고도 아무것도 배우지 못하는 사람은

발전할 수 없습니다.

실수에 대한 변명을 늘어놓는 것은

그만큼 자신감이 없다는 뜻입니다.

지혜로운 사람은 자신의 경험으로부터 배울 뿐만 아니라

다른 사람의 경험으로부터도 배우게 됩니다.

긍정적인 생각이 좋은 결과를 낳는다

긍정적인 생각을 가지고 시험을 준비해야 합니다. 높은 점수를 머릿속에 그리고, 잘할 수 있다는 마음으로 시험을 보는 것이 낮은 점수를 머릿속에 그리고 자신감이 부족한 상태로 시험을 보는 것보다 훨씬 좋은 결과를 낳을 수 있습니다.

성적은 빨리 올려야 한다는 조급한 마음을 먹지 마세요. 긍정적인 생각을 하며 차근차근, 한 걸음 한 걸음 나아가면서 잘할 수 있다는 자신감을 쌓으면 계획한 꿈과 목표를 이룰 수 있습니다.

태양을 쏜 화살은 나무를 향해 쏜 화살보다 더 높게 날아갑니다.

I am always ready to learn although I do not always like being taught.

- Winston S. Churchill

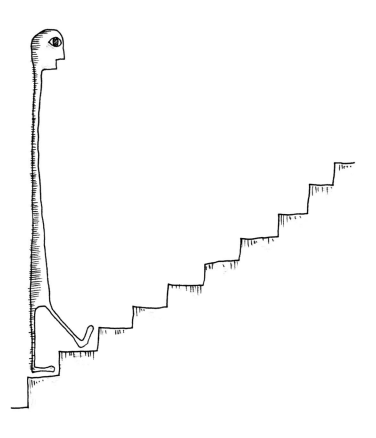

시험을 보고 있는 당신의 태도

시험 점수와 밀접한 관계가 있는 것은 시험을 보고 있는 나의 정신적인 태도입니다. 외워야 할 것을 얼마나 잘 외웠는지는 이 시점에서는 그다지 중요하지 않습니다. 잘할 수 있다는 마음으로 차분하게 준비된 시험을 보는 것이 중요합니다. 최선을 다하면 하늘이 알아줍니다.

비록 이번 시험 성적이 노력한 것에 비하여 잘 나오지 않았다고 해서 마음 아파할 필요가 없습니다. 다음에 잘 볼 수 있다는 자신감을 갖는 것이 더 중요합니다.

천재 물리학자 아인슈타인도 중·고등학교 때 수학과 과학 성적이 낙제점이었지만 실망하지 않고 열심히 공부하여 훌륭한 물리학자가 되었습니다.

The highest activity a human being can attain is learning for understanding, because to understand is to be free.

- Baruch Spinoza

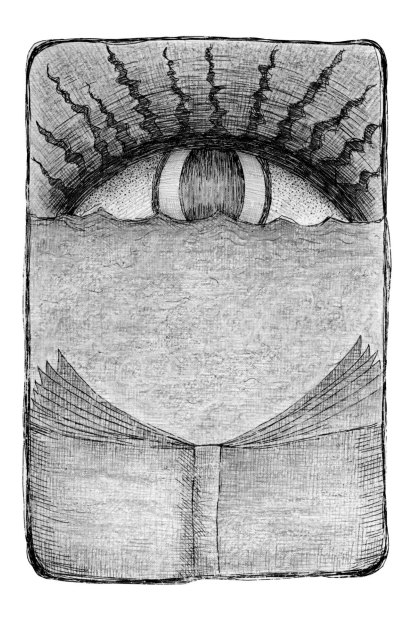

명확히 파악하기 위해
질문을 두 번 이상 읽어보자

시험을 보기 전에 조급한 마음을 버리고, 심호흡으로 마음을 안 정시킵니다. 답을 찾기 어려운 시험 문제일 때는 질문을 두 번 이 상 읽어 봅니다. 질문을 명확하게 파악할 수 있도록 중요한 키워드 에 밑줄을 치며, 문제가 무엇을 묻고 있는지, 답을 찾기 위해 필요 한 것이 무엇인지, 질문의 핵심은 무엇인지를 따져 봐야 합니다.

시험을 보는 동안 조급한 마음을 버리고, 가능하다면 문제를 풀 기 전 시험지 전체를 한번 훑어보며 문제의 난이도, 유형을 파악하 는 것은 주어진 시험 시간을 효율적으로 관리하는 데 큰 도움이 됩 니다.

A library is a place where you learn what teachers were afraid to teach you.

- Alan M. Dershowitz

개미와 베짱이

베짱이처럼 아무 준비 없이 여름을 즐기기만 한다면

겨울에 어떻게 될까요?

개미가 땀 흘리며 다가올 겨울에 대비해

열심히 식량을 비축하는 동안

베짱이는 여름에 놀고 마시며 하루하루를 보냈습니다.

더운 여름이 가고 추운 겨울이 오자

베짱이는 결국 개미에게 음식을 동냥하러 갑니다.

모든 일에는 때가 있습니다.

여름에는 겨울을 대비해 열심히 일을 해야 합니다.

공부도 마찬가지입니다.

공부할 수 있을 때 열심히 공부해야 합니다.

추운 겨울에 음식을 동냥하러 다니는 모습은

아름답지 않습니다.

쉬운 문제로 시작하여 자신감을 높이자

시험을 볼 때에는 쉬운 문제를 먼저 풉니다. 시험지 전체를 훑어보고 시간이 많이 소요될 것 같은 어려운 문제를 발견하면 맨 나중으로 미뤄두고 쉬운 문제부터 풀어 나갑니다.

순서대로 문제를 풀어 나가야 할 이유는 없기 때문에 쉬운 문제를 풀며 자신감을 높이고 마음의 안정을 찾도록 합니다. 그리고 질문에 ○, △, ×로 표시합니다. 즉, 답안 작성을 한 것은 ○, 애매한 것은 △, 어려운 것은 × 표시를 하고 나서 △을 먼저 풀고, 남은 시간 전부를 ×를 푸는 데 쏟아야 합니다.

즐긴다는 것

천재는 노력하는 사람을 이길 수 없고

노력하는 사람은 즐기는 사람을 이길 수 없습니다.

어떤 사람은 단순한 일에도 재미를 느끼지만,

어떤 사람은 재미없고 따분한 일로 생각하여

쉽게 포기하는 경우가 많습니다.

어떤 일이든 재미를 찾으면

충분히 흥미를 느끼고

즐거움을 만끽할 수 있는 부분이 있습니다.

공부하는 것은 그 자체로 충분히 즐거울 수 있습니다.

학생일 때 그 즐거움을 마음껏 경험해 보아야 합니다.

처음 내린 답에 대한 결정을 번복하지 말자

정답에 대한 확신이 없을 때는 처음 내린 답에 대한 결정을 번복하지 않습니다. 여러 차례 답을 바꾸다 보면 오히려 실수를 저지르게 될 확률이 높아지게 됩니다.

생각을 많이 하면 할수록 이유와 논리는 흐려지기 마련입니다. 처음 답이라고 생각한 것이 답일 확률이 높습니다.

동물들이 사냥할 때도 처음 정한 먹잇감을 향해 있는 힘을 다해 달립니다. 아무리 빠른 치타도 달리면서 계속해서 먹잇감을 바꾼다면 사냥에 성공할 수 없습니다.

Study the assumptions behind your actions. Then study the assumptions behind your assumptions. **- Idries Shah**

선생님은
배우고자 하는 학생에게 끌린다

배움에 목말라 하지 않는 학생을 데리고
선생님이 할 수 있는 일은 많지 않습니다.
선생님은 배우고자 하는 의지가 부족하고,
마음의 문을 닫아버린 학생까지 보듬고 갈
시간적, 정신적 여유가 없습니다.
자연스럽게 선생님은 학업에 매진하는 학생에게
관심을 갖게 됩니다.

빈 칸보다는 최선의 추측으로

문제 해결에 대한 실마리가 전혀 없을 때에는 추측으로 답을 알아맞혀야 합니다. 아무런 노력이나 시도 없이 빈 칸으로 답안지를 제출하는 일은 없어야 합니다. 빈 칸은 예외 없이 0점으로 처리되기 때문에 1점이라도 받으려면 그 어떤 것이라도 작성하여 답안을 제출해야 합니다.

시험 문제에 빈 칸을 그대로 두면 시험에 무성의하게 보일 수 있습니다. 답안과는 거리가 멀다고 해도 자기의 생각을 잘 정리하여 또박또박 성의껏 작성하는 태도가 필요합니다. 만약 운이 좋다면 추측으로도 정답을 맞힐 수 있기 때문에 어떤 문제도 절대 포기하는 일이 없어야 합니다.

Ignorance is the parent of fear. **- Herman Melville**

실천 없는 지식과 경험

많은 지식을 습득하고 다양한 경험을 쌓더라도
실천이 없다면 과연 무슨 소용이 있을까요?
몰라서 실천하지 못하는 것은 용납이 되지만,
알면서도 실천하지 못하는 것은
도대체 어떻게 설명할 수 있을까요?
훌륭한 생각을 많이 하는 사람보다
행동으로 옮기는 사람이 결국 성공합니다.

확인하고 검토하고 확인하고 검토하고

답을 작성한 후 실수한 것은 없는지 반드시 확인 절차를 거쳐야 합니다. 객관식 문제는 정답 번호를 제대로 체크했는지 확인하고 주관식 문제 답은 맞춤법과 띄어쓰기를 확인해야 합니다.

답안지는 지저분하지 않게 깨끗하게 정리해야 합니다. 보기 좋은 떡이 먹기도 좋은 법입니다.

In learning you will teach, and in teaching you will learn. **- Phil Collins**

과도한 학습량과
적절한 학습량의 차이를 알자

지나치게 많은 학습량은 오히려 비생산적입니다. 많은 학생들이 과도한 학습량과 적절한 학습량의 차이를 잘 모르며, 시간을 많이 투자하면 할수록 학습이 잘 이루어졌다고 생각하는 경향이 있습니다.

오랜 시간 학습을 하면 지루해지고 지루해지면 정신이 산만해지게 될 확률이 높습니다. 온전히 집중할 수 있는 시간을 정확하게 파악하고 이를 토대로 학습 계획을 세워 효과적이고 생산적인 학습이 이루어지도록 노력해야 합니다.

The mind once enlightened cannot again become dark. **- Thomas Paine**

우선순위와 시간 관리

효과적인 시간 관리를 위해서는

우선순위에 따라 일을 해야 합니다.

급한 일부터 먼저 하고

그 다음에 소중한 일을 처리합니다.

그리고 가능한 일부터 순서에 따라 하는 것이

효율적입니다. 빨리 하는 것도 중요하지만

제대로 하는 것이 더욱 중요합니다.

시간 관리는 남에게 잘 보이려고 하는 것이 아니라,

낭비하는 시간을 줄여

재미있고 여유 있는 생활을 하기 위한 것입니다.

자세한 계획을 수립하여 잘 보이는 달력에 표시해 두자

세부적인 학습 계획은 머릿속에 세우는 것이 아니라, 과목별로 자세한 계획을 수립하여 학습 달력을 만드는 것이 좋습니다. 학습 달력은 잘 보이는 책상 위나 벽에 걸어 두고 계획대로 공부할 수 있도록 해야 합니다. 계획을 세우고 실천해 나가다 보면 공부를 자연스럽게 일상적으로, 그리고 규칙적으로 할 수 있습니다.

모든 사람들에게 공평하게 주어진 것은 오직 시간뿐입니다. 공평하게 주어진 시간을 어떻게 활용하느냐에 따라 인생이 달라집니다.

"지금 자면 꿈을 꿀 수 있고, 지금 공부하면 꿈을 이룰 수 있습니다."

✏️ You can get help from teachers, but you are going to have to learn a lot by yourself, sitting alone in a room **- Dr. Seuss**

즐거운 여행을 위한 공부

인생은 나를 찾아가는 여행입니다. 그 여행을 즐기기 위해서 꼭 필요한 것이 공부입니다. 공부를 통해 나의 고유한 색깔과 향기, 강점과 약점, 내 안에서 잠자거나, 알지 못했던 재능과 자질을 찾을 수 있습니다.

공부는 나의 존재를 더욱 가치 있게 만드는 활동입니다. 세상에는 늘 새로운 지식이 생겨나고 인간은 새로운 의문이 생겨나기 때문에 계속 공부해야 합니다. 공부의 끝이란 결코 없기 때문에 즐겨야 합니다.

나를 잘 알게 해 주는 공부

공부는 나를 잘 알 수 있도록 도와주고, 타인도 이해하고 수용할 수 있도록 도와줍니다. 그래야 나에게 주어진 삶이 행복해질 수 있습니다. 나의 재능이나, 자질을 찾아내는 기쁨, 그리고 나를 보다 깊이 인식하고 이해하는 기쁨을 공부를 통해 경험해 보세요.

자기주도적인 학습을 수행하면서 내 삶의 질을 향상시키고 나아가 지역 사회와 국가의 발전에 기여해 보세요.

• 저자 소개 •

이종호

이메일: johnlee007c@gmail.com
페이스북: https://www.facebook.com/profile.php?id=1405235228

서울에서 태어났으며, 로체스터대학교University of Rochester에서 심리학을 전공한 후 샌프란시스코대학교University of San Francisco에서 상담심리학 석사와 교육학 박사Organization and Leadership 학위를 받았다.

안양대학교 교수학습지원센터 연구교수를 역임했으며 현재 한양대학교 스마트교수학습센터 책임연구원으로 재직하고 있다. 저자는 학습상담과 코칭을 통해 학생들의 학업능력 향상에 기여하고 있으며, 대학교육의 질 관리를 위해 교수법 연구와 혁신적인 교수학습지원 프로그램 개발에 전념하고 있다. 또한 리더십 강사로서 대한민국이 리더십 있는 리더들로 가득하길 바라는 마음을 가지고 열정적인 교육을 계속하고 있다.

주요 저서로는 〈리더십 특강〉(2013), 〈가르치는 전략과 효과적인 교수법〉(2015) 〈누구나 리더가 될 수 있어요〉(2015), 〈자기주도학습의 기술〉(2015) 등이 있다.

• 그림작가 소개 •

김미동

이메일: md0080@gmail.com

서울에서 태어났으며, 도쿄 무사시노미술대학교와 동 대학원을 졸업하
였다. 수채화, 판화를 중심으로 한 다양한 일러스트 작업을 하고 있다.
일상 속의 산책과 여러 지역으로의 여행, 다양한 예술 작품을 통해 영감
을 얻으며 초현실적인 공상에 기반하여 그림을 그린다.

모든 사물에 캐릭터를 부여하여 이야기와 세계관을 이끌어내고, 그러한
결과물을 바탕으로 다양한 매트리얼과 연결하여 전개하는 작업을 즐겨
한다. 테크닉보다는 감성을 전달하는, 어른과 아이 구분없이 모두가 즐
길 수 있는, 새로운 시선으로 세상을 바라볼 수 있게 해주는 그림을 그
리는 것을 목표로 하고 있다.

〈누구나 리더가 될 수 있어요〉(2015)의 그림을 그렸다.

공부하는 즐거움
The Joy of Study

2016년 3월 1일   초판 발행

지은이 이종호   **그린이** 김미동
펴낸이 이종헌   **만든이** 최윤서
펴낸곳 아이비하우스
등록 2009년 3월 6일(제313-2009-42호)
주소 서울시 서대문구 경기대로 76 (2층)
　　　TEL (02) 3272-5530　｜　FAX (02) 3272-5532
E-mail tree620@nate.com

ISBN 978-89-962372-7-3 03370